Antonio Guerra Colón

Poemánticos 1

Antonio Guerra Colón

Poemánticos 1

Poemas

JustFiction Edition

Imprint

Cover image: www.ingimage.com

Publisher:
JustFiction! Edition
is a trademark of
Dodo Books Indian Ocean Ltd. and OmniScriptum S.R.L Publishing group
Str. Armeneasca 28/1, office 1, Chisinau-2012, Republic of Moldova, Europe
Printed at: see last page
ISBN: 978-613-9-42645-4

Poemánticos
1
Bardo
Por: Tony Colón
Elmagodelasletras

Desarrolla tu mente, que sea eficaz.

Antonio Guerra Colón el mago de las letras

Poemánticos 1

Desarrolla tu mente, que sea eficaz.

Bardo= Poeta

Próximamente: Mis cuentos 3

Pequeña biografía

Mi nombre es Antonio Guerra Colón
de Mayagüez Puerto Rico. Desde pequeño me interesaron muchas cosas, pero siempre me atraía escribir desde los seis años, lo primero que escribía fueron versos que los vendía a peseta en la escuela, luego a los diez años aprendí a arreglar enseres eléctricos, de electricidad, electrónica, entre otras cosas más, y de todo eso me ganaba algo, pero nadie me enseño, solo lo aprendí, también soy compositor, inventor y cuentista, todo se puede si hay interés, todo se logra, si lo intentas.

Desarrolla tu mente, que sea eficaz.

Lo que vemos, aprendemos y vemos lo que queremos ser, tenemos habilidades escondidas y no sabemos cómo proceder.

De la mente escondida, deja tu mente crecer, aprende todo lo que pueda, es mejor tener conocimiento y de nadie depender.

Desarrolla tu mente, que sea eficaz.

Índice

61- Pensando en ti II -marzo-10-2014

62- Confiando -marzo-10-2014

63- Libre como el viento -marzo-10-2014

64- Mi primor -marzo-10-2014

65- Se alegró -marzo-10-2014

66- Tu amigo seré -marzo-10-2014

67- Hasta el final -marzo-10-2014

68- Soy tuyo -marzo-10-2014

69- Te daré -marzo-12-2014

70- 100% -marzo-12-2014

71- Te quiero -marzo-13-2014

72- Mi existir -marzo-13-2014

73- Tu destino -marzo-13-2014

74- Mi destino -marzo-13-2014

75- Mi querida flor -marzo-13-2014

76- Tuya es mi vida -marzo-13-2014

77- No tiene precio -marzo-13-2014

78- Tuyo y mío -marzo-13-2014

79- No se muere -marzo-13-2014

80- Llénate de mí -marzo-13-2014

81- Siempre en mi mente -marzo-13-2014

82- No me digas que no -marzo-13-2014

83- No puede ser -marzo-13-2014

84- Sera para siempre -marzo-13-2014

85- Juntos para siempre -marzo-13-2014

86- Eterno tesoro -marzo-13-2014

87- Se esfumo -marzo-13-2014

88- Llego al olvido -marzo-13-2014

89- Amor seguro -marzo-13-2014

90- Solo mía -marzo-13-2014

91- Siempre te amare -marzo-13-2014

Desarrolla tu mente, que sea eficaz.

1-Junto a ti

Fue la locura de tu amor
qué traspaso mi alma,
rompió las barreras,
quito mi dolor.

Llegaste justo a tiempo
justo para deslumbrar
soplando como el viento
me pudiste reanimar.

Viendo las olas de la mar
junto con su vaivén,
solo quise saber
sí me quieres amar.

Como serán tus besos,
¿rico como el chocolate?
rico será tu sabor
que a mi corazón late.

Por eso quiero besarte
sentirte junto a mí
para siempre abrasarte
que seas, siempre, para mí.

2- Amarte siempre

Mirarte, siempre quererte
amarte como lo deseas
queriendo siempre abrazarte
y antójame como lo deseas.

Así seré yo siempre,
amándote con pasión
esperando la ocasión
para besarte libremente.

Tu amor me enloquece,
me haces estremecer,
me hace quererte
y llenarme de placer.

No dejaré de quererte
y de amarte mucho menos,
siempre quiero verte,
siempre llenarte de mis deseos.

Juntos, debajo del sol
o debajo de la luna
el amor es una sensación
que arrebata mi alma, sin duda.

3- Solo para mí

Fue el deseo de amarte
y llenarme de tus besos
para siempre acariciarte,
esos fueron mis deseos.

Solo para mí, eres tú,
tus labios y tus besos
acarícíame, lléname de ti,
lléname de tus deseos.

Eres suave como el viento,
dulce como la miel
lléname de tus besos,
acarícíame la piel.

Llénate de mí ser,
llénate de mi amor,
yo te quiero tener
cerca de mi corazón.

Besarte para siempre quiero;
lléname de tu amor,
lléname de tus caricias,
eres mi deseo,
tú eres mi primor,
tú eres mi delicia.

4- Suave amor

Bellos son tus ojos
de un color azul divino
que labios tan radiantes
que por ti yo suspiro.

Bríndame tu amor
para siempre acariciarte,
para siempre amarte
llenándome de tu calor.

Suave es tu piel
suave como la seda
lindo es tu amor
y conmigo tú te quedas.

Para que me llenes de tus besos
y me llenes de tu amor
lléname de tus caricias,
lléname de pasión.

Abrígame con tus abrazos,
cúbreme con tu amor
alúmbrame con tu sonrisa,
abrázame con tu calor.

5- Amarte

Como luna brillante
así se ven tus ojos,
hermoso y radiante
brillante como de oro.

Verte reír, me siento feliz
me hace sentir enamorado
tus labios enrojecidos,
te amo, te quiero decir.

Que te amo con locura
te amo con pasión,
te amo, eres mi cura
tu amor es una explosión.

Que retumban todos mis huesos,
que retumbe todo mi ser,
que al besar tus labios
más te quiera tener.

Más de ti saber
y de tu piel acariciarte
quiero mi amor entregarte
y darte todo mi ser.

6- Eres mi pasión

Vi en tus ojos, una pasión,
como volcán candente
por eso quiero amarte
es esta mi decisión.

Por eso tengo la razón
de quererte con locura,
tú eres mi cura
eres mi pasión.

Ver tu cuerpo como sirena
escultura intachable,
siempre eres insaciable,
mi dulce morena.

Verte cada día me hace feliz,
me haces sentir seguro
y a ti, yo te juro
que siempre estaré junto a ti.

Para abrazarte cómo quieres
besarte con pasión,
atacarte como un tigre
y darte este amor.

7- Mi trigueña

Como curva de un rio,
ese es mi pensar,
viéndote cada día
pudiéndote besar.

Este es mi dilema,
como bailan la macarena;
como mueves las caderas,
esa es mi morena.

La que baila a ritmo de un son
esa es mi trigueña,
esa es mi princesa
la que quiero un montón.

Por eso la tengo yo
esa trigueña cariñosa
que es pétalo de rosa
a esa la tengo yo.

Es la rosa, es la flor,
es la perla, es mi diamante,
es un amor inimaginable
es mi trigueña mi primor.

8- Perdiste

Se ha ajustado en mí
tus caricias y tus besos,
tan lindos tus cabellos
que me acariciaron mí cuerpo.

Pero te alejaste de mí
y te quedaste con otro,
pero él no te puede dar
lo que yo siempre te di.

Ahora ruegas a mí,
pero ya te dejé al olvido,
no soy objeto de alquiler,
ni comida que no han de comer.

Ya no hay retorno atrás,
perdiste la oportunidad,
olvídate de mí
que todo quedo atrás.

Una vez se sufre,
una vez se llora,
ya apestas azufre,
y no me importas si lloras.

9- Eres, mi flor

Justo, cuando te bese
sentí amor genuino,
se estremeció mi alma
que amor tan divino.

Eres hermosa primavera
de un jardín florido
eres mi flor, mi rosa
ya no eres amor sufrido.

Ya eres dueña de mi amor
ya me flecho cupido,
me flecho con pasión
es lo mejor que he vivido.

Fue una sensación genuina
que lleno de esplendor,
sensación inolvidable
que robo mi corazón.

Me alegro en a verte conocido
en a verte encontrado
mi corazón no tiene enredo
porque vive enamorado.

10- Amor genuino

Por tu vida ha llegado
este amor tan puro
y yo no te aburro,
porque yo soy, el que ha amado.

El romántico que te quiere
y te quiere de verdad,
amor genuino
y lleno de sinceridad.

Soy el poeta, de poetas
el que te llena a plenitud,
te llena de virtud
soy tu gran poeta.

Soy el que te quiere
y te ama de verdad,
te hablo con la verdad
y mi corazón dice que te quiere.

Yo soy tu querer,
yo soy tu anhelo,
soy yo tu consuelo
el que te da de su querer.

11- Me enloqueces

Vi tus ojos aquel día
y sentí que me querías
tu amor yo sentía
que dichoso ser tu guía.

Gracias por tu amor
y por tu simpatía,
necesito de tu calor
y de tu gran armonía.

Pienso en ti cada día
me enloqueces verte reír
saber que estás conmigo
y verte sonreír.

Como el sol en una mañana
y verte despertar
me da gusto contigo estar
y que me llenes de tu calor.

Tu piel tan suave
que al tocarte quiero besar,
esos hermosos labios
besar, besar, yo quiero besar.

12- No te dejare

La suave brisa me acaricia
en esta tarde de amorío
verte como un rio,
de esta gran experiencia.

Me amaras con paciencia,
me amaras con locura,
me amaras con decencia
esa será mi cura.

Es por eso, que te amo
y te quiero de verdad
te deseo con ansias
es la pura verdad.

No dejare de amarte,
no te dejare sufrir,
te amare hasta la muerte,
contigo quiero vivir.

Ese es mi sentir
de lo mucho que te quiero,
de lo mucho que te anhelo,
tú eres mi vivir.

13- Eres mi amor

En la tarde, de un cielo claro
veo tu sonrisa reflejar
donde me gusta tu caminar
tú eres mi amparo.

Por donde quiera que me paro,
veo tu sonrisa en todo lugar,
como olas de mar
que van y vienen.

Así es como me tienes
apasionando a tu locura,
dedicado a tu ternura
eres quien me cura.

Eres mi dulzura, mi anhelo
mi querer, mi pasión,
eres lo que más quiero
eres mi atracción.

Profundo amor anhelado,
quiere que estés conmigo,
ahora y para siempre
y que siempre estemos unidos.

14- Mi amor

Verte cada día,
me siento feliz,
verte sonreír
me alegras el día.

Sentir tus caricias,
cada día que pasa,
voy por ti a tu casa
para besarte con ansias.

Tenerte todo el día
lléname de ti
abrazarte cada día
que sería yo, sin ti.

Tú me haces reír
me haces sentir seguro
me llenas de orgullo
yo quiero verte reír.

Gracias a Dios por tenerte
y que estés a mi lado,
de poder amarte,
y de sentirme amado.

15- Despedida

Ya puedo respirar
desde que te deje
me siento más seguro
cuando de ti, me aleje.

Me lleno de amor y de alegría
de paz y armonía
me siento aliviado
por dejarte atrás.

Que alegría siento en mi alma
por dejarte ir,
por mala y traicionera,
pero no pudiste hacerme sufrir.

Te salió mala la jugada,
quisiste hacerme daño,
quisiste verme atrapado
dentro de tu engaño.

Por eso te llego la hora,
no pudiste más,
mala fue tu jugada
contigo no volveré jamás.

16- Amor candente

En el jardín vi la flor
la perfecta, la adecuada,
la rosa inmaculada
en el jardín de mi corazón.

Como, arroz con sazón,
como azúcar al chocolate,
amarte es mi pasión
amarte y adorarte.

Sabor a cheri, son tus labios
tu piel sabor a mangó,
tu pelo son mis caricias,
tú llenaste mi corazón.

Tú eres mi razón
de que viva alegremente,
de que llenes mi corazón,
y le des amor candente.

Eres mi presente,
eres tú, mi pasión,
dulce la sensación
que experimento mi mente.

17- Enamorado de ti

En una noche oscura,
las estrellas alumbran tu piel,
relumbra mi rostro,
eres como billete de cien.

Yo soy tu amado,
y me llenaste de amor,
iluminaste mi vida
me llenaste de pasión.

Contigo me siento seguro,
me siento enamorado
estoy apasionado,
de este amor, seguro.

Llenándome de gozo,
llenándome de alegría
hoy y para siempre,
tú serás mi armonía.

Por eso soy tu pasión,
por eso deseo quererte
y para siempre,
en mi mente y en
mi alma tenerte.

18- Mi gran amor

Al pasar el tiempo
te quiero más y más,
te quiero con ternura,
te quiero abrazar.

Te quiero yo decir,
amor te quiero,
te quiero sentir
decir yo te quiero.

Que eres mi primor
eres mi consuelo
por ti me desvelo
eres mi gran amor.

Tú eres mi pasión,
que me llenas de alegría
eres mi sinfonía
que me das besos cada día.

Me alegro en a verte conocido
en tenerte para mí,
gracias a tu amor y a ti,
yo soy feliz.

19- Tu primor

Ha bajado del cielo un ángel
porque te vi y te parecías a ellos
tus ojos resplandecieron,
alumbrando aquí, en mí pecho.

Vi la luna y te pareces a ella
hermosa y brillante,
te daré un diamante,
eso te daré, mi doncella.

Tus caricias son mar,
tus besos son pasión,
tus abrazos son ternura,
y yo soy el que se deja amar.

Tú eres mi cariño
yo soy tu clamor,
yo soy tu trigueño
y tú eres mi amor.

Por ti escribo versos,
escribo todo el día
por ti yo daría,
mi amor, yo siempre te daría.

20- Me dejaste solo

Como ave que da su vuelo
y llega a su destino
fue tan repentino
y por ti di un duelo.

Ya no regresaras más
te fuiste tan lejos,
mis lágrimas amargas
cuando me miraba en un espejo.

Te visito cada semana
para aliviar mi dolor
se quemaron las esperanzas
se esfumo, se evaporo.

Ya no tengo respuesta de ti
pero, aún te amo, te quiero,
porque te fuiste de mí,
te fuiste de mí, muy lejos.

Ahora tengo tus recuerdos;
¿Por qué? Dios te tuvo que llevar,
te llevo tan pronto,
que no te puedo ya besar.

21- Tu amor es mío

En esta hermosa ocasión
quiero decirte que te amo,
te tengo en mi corazón,
te tengo a mi lado.

Eres dulce como la azúcar,
sabrosa como el café
tus labios quiero besar
te cuidare como un bebe.

Mi vida te entregue,
mi amor es para ti,
mi amor en ti selle
tú amor, es solo para mí.

Todo de ti, soy tuyo,
mío es tu amor,
tú eres mi pasión,
eres mi clamor.

Yo junto a ti,
me siento feliz,
me siento contento
como un colibrí.

22- Libre soy

Me dices que me amas,
pero esas palabras van al mar
se la lleve las olas
y a otro lugar van a parar.

Hipócrita, es tu amor
ya estoy curado de tus mentiras,
y dice que quieres estar conmigo
pero tu mente está perdida.

Frio es tu amor
que mereces un castigo,
no estás conmigo
ya no eres mi primor.

Ya te saqué de mi vida
te saque de mi corazón
libre soy de ti,
mujer traicionera.

Ya no serás la primera,
ya eres historia
querer fama, vagabunda,
ya eres escoria.

23- Mi nuevo amor

Tu belleza es impecable,
tus ojos, mi lumbrera
eres tú la primera
que llego a mi corazón intocable.

He sentido amor verdadero,
he sentido tu calor,
en tu corazón el primero
qué alivio este dolor.

Ya tengo un nuevo amor,
que sano mis cicatrices,
las que atropellaron otras,
pero ya salieron nuevas raíces.

Tengo un nuevo amanecer
un nuevo comienzo,
tengo mucho que agradecer
al Dios gran supremo.

Eres tú mi corazón.
me alegra en haberte tenido
contigo me siento seguro
y que me hallas comprendido.

24- No hay rechazo

Ama con profundo gozo,
ama con gran placer,
ama con todo tu ser,
ama con gozo.

No me alejare de ti,
te llevo muy dentro,
te llevo en mi centro,
tú eres toda para mí.

Te tendré en mi corazón,
te tendré en mí ser,
parte de ti, quiero ser,
tú eres mi razón.

Te amare y no te olvidare
este amor no se cansa,
no se ofende, no se fatiga
y tiene compasión.

Profundo e intenso amor
que no hay rechazo,
te dice que te quiere,
y te da un fuerte abrazo.

25- Eterno amor

Eres espacial para mí,
eres mi refugio, mi amor
que me has quitado todo dolor
con paciencia y con amor.

Aprendí de tu amor
he aprendido mucho,
por ti yo lucho
esto es un eterno amor.

Y hoy tengo el corazón contento
porque te tengo a ti
he firmado un contrato
por toda la vida contigo vivir.

Tú eres mi bombón de chocolate
mi dulzura de caramelo,
te amé yo primero
y por ti, mi corazón late.

Pero es tu corazón es latente
me has llenado de tu atracción,
me llenas de amor genuino,
por eso estás en mi corazón.

26-Para siempre

Tu amor permanecerá
siempre a mi lado,
que llega la primavera
y tú estarás a mi lado.

Este amor nunca se cansa,
no deja de ser,
amarte es mi deber
de esto depende la confianza.

Amarte es un placer
mi amor es solo tuyo,
para siempre y por siempre
mi amor estará junto al tuyo.

No te olvidare nunca
porque junto estaremos,
con Dios siempre vamos
por eso, el amor nunca se acaba.

Te brindare todo mi amor
siempre seré tuyo,
amor que no se cansa
y tu amor será mi mundo.

27- No volverás

Te perdiste la oportunidad
de amarme y sentirme,
perdiste la apuesta
no me quedare contigo.

Te fuiste, y no volverás
a mi jamás regresaras
ese será tu destino
a mí no volverás.

Te quisiste ir y yo te deje
yo no peleo por mujeres,
pero perdiste algo importante,
eso fue, mi amor.

Tú pensaste que caería
en tu trampa maliciosa
pero tuve una alerta
de quien realmente eres.

Yo vivo muy feliz
de olvidarte y dejarte libre,
fuera la tristeza, llego la felicidad,
dejarte, me hizo libre.

28- Por boba

Si has sufrido tanto
es porque quisiste
por haberme dejado,
y mi amor perdiste.

Ya conocía tus intenciones
que agarras y sueltas,
pero, quisiste volver a mí
y te dije que no, daté la vuelta.

Pensaste que yo era un bobo
por ser buena gente,
pero la boba fuiste tú,
por haberme dejado.

Ahora sufre y lloras
por tu mala decisión,
tú escogiste ese camino
mala fue tu decisión.

Ya no llores, no sufras
búscate otro amor,
porque yo no estoy dispuesto,
se agotó esta pasión.

29- Inmenso amor

Mi amor es profundo
más que el océano.
más grande que el mundo,
es este amor.

Más grande que el planeta
así es mi amor por ti
amor que no se apaga
encendida esta tú llama en mí.

No te dejare ir,
por qué estás amarada a mi alma
tú eres mi vida
te llenare de mí, todo en calma.

Tú eres mi único amor
eres mi única compañía
por ti, yo daría
este amor puro y santo.

Entregado a ti, plenamente
llenándome más de ti,
vivir siempre para ti
tu amor es mi existir.

30- Mala jugada

El rio con su sonido
que va llevando todo a su paso,
así fuiste tú,
que arrasaste conmigo.

Ha sufrido mi corazón,
sufrió también mi alma
después de que todo te di
me diste la patada.

Como caída de un ave,
llegará tu día,
pagaras con la misma moneda
y te saldrá caro.

"Te atropellaran camiones"
te destruirán tus ilusiones
pasará como a limón chupado,
amargo será tu corazón.

Cambiaste aguacate por limones,
y te salió mala la jugada,
ahora no me tienes
y al otro lo tienes atragantado,
te salió mal la jugada.

31- Fiel amor

Fue gimiendo la brisa,
fue gimiendo el viento,
fue la alegría de tu risa
lo que me mantuvo contento.

Por eso estoy alegre
en haberte conocido
llenarme de tus deleites,
me siento complacido.

Río, vivo feliz
porque estas a mi lado
nada de separado
siempre juntito, feliz.

Me llenas de alegría,
me llenas el corazón,
me llenas de simpatía,
me llenas de tu amor.

Por eso eres mi primor
lo más que yo quiero
por brindarme tu amor,
por besarme primero.

32- Llegara

Escribo poesía, escribo versos,
escribo poemas y filosofía,
escribo del mar y del viento,
escribo de tu amor cada día.

Escribo de la luna y del sol,
escribo de tu amor profundo,
es cuando pica el sol,
ya no soy vagabundo.

Escribo para ti, mi princesa amada
te escribo una sinfonía
que agraden a tus oídos
y después que seas mía.

Qué difícil es amar a alguien
y no saber cómo decírselo,
pedir consejo a alguien,
para demostrar ese amor.

Te sigo escribiendo, mi amada
eres el aliento de mi vida,
que este amor secreto,
sé que llegara algún día.

33- La más bella

Una rosa, de una flor bella
sumergida en la verdad pura,
el amor brilla como estrella
y tú eres mi dulzura.

Una mujer pura, llena de amor
que me ha brindado cariño
es perfecto tu amor
fragante tu olor, yo soy tu niño.

La rosa, más bella,
que con su fragancia
me ha enloquecido,
que olor grato, mi flor bella,
ahora eres mía, yo soy tu amado.

Eres como una estrella
que resplandeció mi rostro
hermosa primavera,
en mi corazón está tu rastro.

Hoy vivo feliz, estoy a tu lado
vivo muy enamorado, mi princesa,
mi corazón has conquistado
siempre estaré a tu lado,
eres mi flor, mi doncella
de las estrellas, eres la más bella.

34- Llegaste a mí

Se quitó el viento, se esfumo
llego la esperanza, ya callo
el silencio se volvió como humo
porque en tus ojos paz hallo.

Halle alegría en tu voz
en tu sonrisa, seguridad,
en tus labios, amor
y en ti, encontré la paz.

Es deseo anhelado
que encontré en ti
fragancia de la más pura,
tu amor es para mí.

Eres como el mar, con sus olas
y la arena junto al mar
siempre te voy a amar
y llegaremos a nuestra boda.

Felices seremos juntos,
viviendo la vida en paz
llenos de mucha alegría
siempre junto será.

35- La perfecta

Fue la fragancia de mi delirio
cuando roso tu corazón,
escuche, bajando por el rio
allí, se alegró mi corazón.

Fue fragancia divina
que toco mi corazón
me lleno de armonía
que entono esta canción.

Tú eres mi primor
eres mi adoración,
eres mi alegría,
eres mi refugio, mi amor.

Así siente mi corazón,
una alegría inmensa,
eres la perfecta,
la flor de mi corazón.

Estoy bien, junto a ti
me llenas de alegría,
me siento feliz contigo
eres mi armonía.

36- Inagotable

Tu amor alumbro mi corazón
y no hay quien la apague
alumbrara de noche y de día
y no es posible que se apague.

Amor vivo que no se agota
infinito hasta el más allá
tu amor es incomparable
amor que en mi corazón brota.

Eres fragancia divina,
eres flor de mi jardín,
eres tan divina
te amare hasta el fin.

Mirando tus curvas
me alegra el corazón,
eres mi bombón, mi razón
de vivir junto, eres mi sazón.

Eres como la brisa en la mañana,
eres como el canto de las aves,
eres más dulce que la caña
más dulce que las uvas, que rico sabes.

37- Mi fragancia

En mi alma, ferviente que late
un profundo amor que abate
que limpia mi alma, al instante
amor tuyo, el que me late.

Como bizcocho de chocolate,
como almendras, con maní,
mi amor es para ti
por ti mi corazón late.

Eres mi fragancia divina
que a mi corazón ilumina
eres mi flor más divina,
solo tú eres mi mina.

De amor paz y gozo
de alegría y satisfacción,
tu amor no va al pozo
si no a mi corazón.

Te deseo con el alma,
te deseo con el corazón,
te deseo con mi vida
y para mí,
tú siempre serás mí razón.

38- Amor ardiente

Tú, solo tú, eres mi vida,
tú eres mi existencia,
tú eres el amor de mi vida,
tu eres es mi fragancia divina.

Que me inspira tranquilidad
me rosa con tu fragancia,
mi amor no es a distancia
esa es la pura verdad.

Que eres la única en mi vida,
que ha llenado mi corazón,
que ilumina mi vida
tu eres mi ser, mi corazón.

Tú eres mi destino
mi amada de mi alma
mi corazón arde en llama
por tu amor divino.

Contigo me siento seguro,
me siento feliz y contento
tu amor es tan bueno
que me dejas sin aliento.

39- Fuera de mi vida

Corazón de gigante tenía
lleno de amor y tu compasión,
pero me olvide de ti, en aquel día
y hoy tienes tu destrucción.

Te deje, no te recuerdo
aléjate de mí, fuera de mí
olvídate de mí, olvídate
no llores más por mí.

Tu amor fue traicionado
y lleno de falsedad
no hay nada de verdad,
no seré tu prisionero.

Búscate a otro
que conmigo no estarás
aléjate de mi vida,
lo tuyo ya quedo atrás.

No seré cepillo de segunda mano,
ni seré comida recalentada,
y quiero decirte ante mano
que eres fantasma de otra vida pasada.

40- Quedo al olvido

Se va el día, llego la noche
pasan los días sin perdonar,
me abruma de tanta lucha
y paso los días sin razonar.

Ya no puedo ni pensar
porque me has olvidado,
ya no volveré a ti
quedaste en el pasado.

Fue tu culpa, esta separación
después de tanto tiempo unido
y pides pidiéndome perdón,
lo siento, no volveré contigo.

Todo quedo al olvido
quedaste fuera de mí
no te quiero en mi vida
me traicionaste, ese fue tu fin

Ya no eres parte de mí,
lo siento por ti,
no volverás a mí
te quite ya de mi vida.

41- Me guiaste

El amor cura el dolor
la alegría quita la tristeza,
y tú puro amor
vale más que las riquezas.

Tu alegre corazón
quito mi angustia
me llenas de felicidad
y mi alma, tú la alivias.

Tu amor, es serenidad,
eres mi barco al timón
vas guiando mi vida,
es tan linda esta relación.

Mi vida es tuya,
mi amor también,
tú eres mi estrella,
que alumbra mí amanecer.

Me siento feliz conmigo,
me siento muy contento
yo con mi amor te abrigo,
tú eres mi aliento.

42- Me enamore

Ruge el rio, cae la noche
llega la aurora, llega el día
y tú en cada día
te doy amor sin reproche.

Calienta el sol en madrugada
y llegaste tú, tan hermosa
que te confundí con un ángel,
y me enamore de tu hermosura.

Sopla el viento y trae su fragancia,
olor grato de ese perfume
que respiro y llega a mi corazón,
eres fragancia que me consume.

Tu hermosura es fantástica,
tu amor es divino y puro,
no es amor del ártico
el tuyo es caliente, no frio, ni duro.

Que ha llegado a mi corazón
ese amor tan sublime y seguro,
que delicia es sentirte,
eres más rico que el chocolate y el vino.

43- Mi princesa

Una luz brilla fuerte
relumbra mi corazón
es una luz contundente
que me lleno de emoción.

Son la luz de tus ojos
que son dos lumbreras,
alumbro mi carretera
que hermosa eres mi morena.

Me animas en cada momento,
me llena de sincera paz,
me alienta en cada momento,
me gusta tu lealtad.

Eres mi princesa, mi destino
eres mi reina, mi futuro
hoy te casaras conmigo,
eso yo te lo aseguro.

Será una gran aventura
de estar contigo siempre,
de hacer travesura
desde enero a diciembre.

44- Amiga sincera

Tengo el corazón herido
y no tengo consuelo
pero tú sanaste mis heridas
y hoy vivo contento.

Gracias amada amiga
por todos tus consuelos,
por todos tus consejos
para encaminarte conmigo.

Estaba triste y afligido
por culpa de una mujer,
pero siempre estabas tú, mi amiga
ayudándome a resolver.

Me diste un discurso;
me dijiste que la olvidara,
que ya no llorara por ella
mujeres hay de mas
y la pusiera al olvido.

Me sentí un poco más aliviado
gracias a mi amiga,
que nunca me dejo
¿será que quiere algo conmigo?
¿porque me trata con mucho amor?

45- Amor apasionado

Eres la flor tan bella
que ha nacido en mi corazón
eres la rosa más hermosa,
que me llena de emoción.

Tu belleza, es grandiosa
tu perfume inolvidable
tus labios apasionados,
eres admirable.

Gracias por estar conmigo,
por llevarme contigo
gracias yo te doy
porque estamos juntitos.

Eres mi aspirina
que quita mi dolor
me llena de adrenalina
ya no tengo más dolor.

Así eres tú, hermosura
como flor de primavera
te quiero con ternura
mi alma de ti esta prisionera.

46- Te perdiste

Se detuvo mi corazón
cuando te alejaste de mí,
perdiste un amor
que no se consigue en donde quiera.

Y te fuiste lejos
me hiciste un mal
ahora te quiero agarrar
para darte tu merecido.

Pero como no soy así
en Dios de él, será el castigo
espero que tu corazón se arrepienta
y te libres del mal camino.

Pero el que la hace, la paga
tarde o temprano caerás
en sitios peligrosos de droga
y de otras cosas más.

Por no querer hacer lo bueno
decidiste escoger tu caminar,
un camino de perdición,
un camino donde el lobo te va a devorar.

47- Amor verdadero

Deja que tu corazón brille,
que brille con esplendor
que tu amor sea iluminado
en todo alrededor.

Déjalo que fluya
como llama ardiente
que le rechinen los dientes,
que sea de amor ferviente.

Amor puro y divino
me has entregado a mí,
tu corazón saludable
suave como el vino.

Yo soy tu amor verdadero,
soy tu amor ardiente
rechinan mis dientes
de ese amor divino.

Por eso es, que te amo
por tu amor puro y genuino
eres lo más que quiero
que me ha podido suceder.

48- Me enamore II

Sopla el viento, ruge la mar
se alegró mi alma más
porque tú, libraste mis penas
y no te alejaste de mí, jamás.

Por ti daría toda mi vida
y me enamoro más de ti
tú refresca mi vida,
solo quiero estar junto a ti.

Eres fragancia divina
fragancia adorable,
tu amor en mi vida,
eso es admirable.

Tus labios acariciarte,
te llenaría de mí,
me dejas abrazarte,
que quiero estar junto a ti.

Ha soplado el viento
tu amor llego a mí
se hizo el corazón valiente,
y me enamore más de ti.

49- No estoy ciego

Miro el sol, veo la luna
observo el mar, contemplo el cielo
admirable naturaleza
veo bien, no estoy ciego.

Tú dices que me quieres
pero tu mente no está en mí,
piensas en otros, silenciosa
veo bien, no estoy ciego.

Quisiste engañarme
pero yo sabía qué hacías
te deje libremente,
veo bien, no estoy ciego.

Te di alas, para que te fueras
pero estabas enamorada de mí,
pero ya eso no es posible
porque veo bien, no estoy ciego.

No estoy ciego, veo tus intenciones
veo mui bien lo que quieres
aléjate de mí, aléjate
que ya no eres, parte de mí.

50- Confianza

La ruta he seguido,
el camino a tu casa
para sacar tú aliento
para quedarme en tu casa.

Para que me llenes de tus caricias
me llenes de mucha pasión,
abrásame fuertemente
y dame de tu calor.

Por ti daría todo, todo lo daría,
pero un engaño, una traición
es imperdonable, solo seria
un olvido en la lejanía.

Por eso piénsalo bien
antes de traicionarme,
si yo hago lo mismo
mídeme con la misma vara.

Pero yo te amo con locura,
mi corazón te necesita
yo soy tu gran cura
y yo te curo si lo necesitas.

51- Ardiente amor

Yo soy de piel trigueña
tu piel color marrón,
mis ojos son verdes
los tuyos en forma de corazón.

Tú eres morena
tus ojos dos diamantes,
yo soy tu gran galán
tu amor es admirable.

El sol sale de mañana
y veo tus ojos resplandecientes
que cautivo mi corazón
en esta mañana luciente.

Tu sonrisa me enloquece,
al verte, me enamoras,
este amor, crece y crece
que llega hasta la loma.

Perfecto y grato amor,
perfecto para mí
y hoy te digo a ti
que no soy nada sin ti.

52- Unidos para siempre

Cantando a la luz del sol
pude escuchar la melodía,
pude escuchar que me decía,
era mi pedacito de amor.

Que ha llegado a mi lado,
ese olor perfumado,
eres un gran tesoro
que siempre estaré a lado.

Me alegra que me ames
y pienses en mí,
yo seré quien te ame
yo también pienso en ti.

Somos el uno para el otro,
somos inseparable,
por qué este amor,
es intachable.

Amor, puro amor
gracias, mi primor,
gracias por tu amor,
gracias por tu calor.

53- Él te libra

Ha salido a reducir
que tú eres una mentirosa,
que eres polilla defectuosa
podrida, ya tienes pus.

No tienes salud mental
te perdiste porque quisiste
tu corazón se ahogó,
quedo mui triste.

Seguiste el ejemplo de tus amigas,
seguiste malos hábitos,
ya eres vómito,
ya tienes el corazón congelado.

Las drogas no dejan na
solo un vacío, una destrucción,
yo te ayudare a enderezarte
a que busques a Dios.

Tú mejor medicina
que cura todo lo males
ven busca de él
y él te sacara de los baales.

54- Seguro

Pude sentir, tus caricias,
pude sentir, tu gran amor
pude sentir, que me ardía,
el alma y el corazón.

Sentí que me abrazabas,
sentí tu calor intenso,
sentí en este momento
amor intenso y grato.

Mi corazón es una pasión
delirio de tu amor,
amor que traspasa
todo mi corazón.

Yo soy tu fuerte, tu amor
reposa, que en breve vengo,
vengo con todo mi amor,
espérame que vengo.

Tú dijiste que me amabas,
que me amabas mucho
de eso estoy seguro,
por eso soy tu papucho.

55- Eres mía

Que frio hizo anoche
hoy hizo mucho calor
pero pon en tu broche
que es mío tu amor.

Ponlo en tu corazón
y grábalo en tu alma
deja que todos sepan
que eres mi amor.

Tenlo siempre presente
escríbelo en tu frente,
es que eres diferente
y no te quiero fallar.

Eres preciosa, ere bella
amable y cariñosa,
eres tan hermosa
que pronto serás mi esposa.

Sera algo precioso
lleno de gran emoción
es nuestra decisión
todo será grandioso.

56- Buena amistad

Tu amistad es como el oro,
vale más que el diamante
el más grande, el primero
es como el sol brillante.

La amistad no tiene precio,
la amistad vale mucho más,
tu amistad crecerá,
tu amista será mi encanto.

Amistad incomparable,
gracias por ser mi amiga
por comprenderme y escucharme
eres mi gran amiga.

Me aclaraste muchas cosas
que estuve sufrimiento
no entendía; no podía entenderlo
gracias por escucharme amiga mía.

Tu amistad vale más que el oro
vale más que cualquier diamante,
vale más que él rubí
tu amistas es incomparable.

57- Me enamore de ti

Tus ojos llenos de esperanzas,
tus labios sabor a mabí,
desde aquel día en que te vi,
sentí mi alma llena.

Ahora mi corazón te aclama
por tus besos de pasión
increíble la situación
al sentir mi alma en "llamas".

Me enamore de tus ojos
de tus labios y de tu sonrisa
que al pasar la brisa
me llene de tus caricias.

Me llene de tu puro amor,
de tu gran alegría,
te traigo mi simpatía
tuyo soy yo, mi primor.

Me enamore de tu carisma,
de tu boca y de tus caderas,
en mi corazón estas atrapada
y también me enamore tu cabellera.

58- Eres para mí

Si me quieres, dímelo
no lo dejes para otro día
dímelo ahora, presúmelo
dile al mundo que eres mía.

Dime que me quieres,
dime que me amas,
admítelo, que yo soy tu primor
que soy tu gran amor.

Escríbelo en los postes de las calles
dile al mundo que me amas,
que yo soy tu amor
que soy yo a quien amas.

Díselo sin miedo
que yo soy tu único amor,
que soy tu alimento
que te llena de sensación.

Dile al mundo entero,
que me amas con locura,
dile al mundo entero
que te amo, yo soy tu cura.

59- Olvídate de mí

Estabas llorando por mí
deseándome con locura
implorando mi ternura
deseando que vuelva a ti.

No hay esperanza
vuelve por donde viniste
que no hay esperanza
quítame de tu mente.

No te quiero ni ver
mujer traicionera
no volveré a ti
deberías estar prisionera.

Perdiste la oportunidad
de que llegaras a mí,
pero fui más listo
que conocía tu mal de amores.

A dios para siempre
no hay retorno atrás
aunque llegue diciembre
no me volverá conmigo jamás.

60- Llegará tu día

Qué lindo fue, vivir contigo
pero amargo la separación
me quitaste el cariño
me dejaste un gran dolor.

Te fuiste, después que tanto te ame
dedique mi vida para ti,
deje todo por nosotros
y ahora sufres por mí.

Pero no llores por mí,
soy muy fuerte,
lamento que te hayas ido,
pero tú lo quisiste.

Pero te digo algo,
el que la hace la paga
ese será tu tormento
por dejarme la daga.

Ese será tu castigo
y no regreses a mi
me quisiste destruir,
y hoy con otro la pagas.

61- Pensando en ti

Miro el sol, veo la luna
observo el mar, contemplo el cielo
llenándome de tu consuelo
gracias por tu dulzura.

Para ti, mi ricura
te doy todo mi amor
eres mi locura,
eres mi adoración.

Veo el sol y veo tu rostro,
veo la luna y veo tu sonrisa,
contemplando el mar, veo tu amor
y admirando el cielo, veo tu belleza.

Así eres tú, tan grandiosa,
eres tan hermosa,
como la rosa más bella
eres mi primorosa.

En todo lugar te veo
no dejo de pensar en ti,
tú eres todo para mí,
yo sé que soy tu deseo.

62- Confiando

Encendí la mecha del amor
le eche leña al fuego
valió la pena luchar
por este amor puro y sincero.

De verdad, valió la pena
luchar por este amor,
ya que tenías grandes penas,
te di censura, te di sabor.

A esta humilde relación
salimos a flote
de las luchas y de las pruebas
a pie o en coche.

Ahora el viento sopla suave
la brisa toco mi piel,
siento tus caricias
llegando por doquier.

Veo tus ojos llenos de gozo
tus labios sabor a mango,
tu piel a frambuesa
y tu cuerpo a melocotón.

63- Libre como el viento

He llorado por quererte
y hoy me siento vacío
mis lágrimas no pueden detenerse
y por amarte, fue el desafío.

Ahora sufro en frio
ya no te quiero ver,
seré yo el primero
que se aparte de este querer.

A dios te deseo suerte
Aunque mi corazón "reviente"
doy por presente
que te valla bien, amada mía.

Te deje, porque así lo quisiste
te deje, libre como el viento
ya no serás mi presente
ahora serás mi olvido.

Escogiste malas decisiones
te perdiste por todo el camino,
eran malas tus relaciones
por eso perdiste tu camino.

64- Mi primor

Eres la dulzura de mis labios
por eso eres mi primor
acariciándote a cada rato
eres tú mi sensación.

Tus labios saben a frambuesa
saben a piña y a melocotón
así es tu franqueza
por eso me gusta un montón.

Tus besos saben a mabí
saben a coco y ajonjolí
al cantar el coquí
contigo me siento feliz.

Tus caricias y tus besos,
tus labios me enloquecen
por eso es, que te deseo
y mi vida enriquece.

Eres mi dulzura, mi amor
mis caricias, mi primor,
tus besos, mi clamor
eres aliento para este amor.

65- Se alegro

Verdes son las hojas de los arboles
verdes son tus ojos cuando te vi
del palacio, las más hermosa,
por eso quiero saber más de ti.

Quiero saber que te gusta,
quiero saber si tienes amorío,
quiero saber todo de ti
de qué color es tu favorito.

Sera azul, rojo o violeta,
amarillo, negro o blanco,
y a ti yo te digo mi naranja,
tú sí, que eres un encanto.

Solo puedo soñar,
en quererte besar,
de todas, eres la más hermosa
solo te quiero enamorar.

Por eso, te lo mando escrito
si quieres ser parte de mi vida
sí podemos vernos,
y amarnos toda la vida.

66- Tu amigo seré

Gracias por tu amistad,
gracias por haberte conocido,
gracias por tu lealtad,
gracias por estar conmigo.

Ya eres parte de mí,
eres parte de mí ser
solo amigos puedo ser
solo amigo seré de ti.

Mi amistad te ofrezco,
no puedo darte cariño,
no jugare como a un niño
por eso mi amistad te ofrezco.

No confundiré amistad por un amorío,
por qué te quiero como amiga,
no como como pájaro en vuelo
que vuela sin saber su día.

Perdóname como te lo digo
pero tu amistad vale mucho,
pero Dios prepara el camino,
solo él sabrá tu destino.

67- Hasta el final

Te deseo mucha salud
te deseo lo mejor del mundo
deseo que seas feliz
y que te llenes de amor profundo.

Por cierto, que es el mío
por eso te envió mi amor
no soy el mejor del mundo,
pero te entrego todo mi amor.

No conoceré a nadie mejor
solo te conozco a ti
tú eres la luz de mis días
solo tú eres mi existir.

Tu sonrisa me enloquece
tu mirada me hace temblar
tus abrazos son apasiónales,
y tu amor sensacional.

Te quiero como nunca,
te amare hasta la muerte,
te amare como nunca,
solo nos detiene la muerte.

68-Soy tuyo

Te amo con el alma,
te amo de corazón,
te amo, vida mía
te amo con devoción.

Así es este amor,
frágil y delicado,
te amo con cuidado,
te amo de corazón.

Eres mi primer amor
soy el que te cuida,
soy quien te amara,
toda la vida.

Te llenare siempre de este amor
este amor, tan puro,
tu amor es seguro
eso yo te lo aseguro.

Para ti, es mi amor,
para ti, es mi vida,
para ti, es mi corazón
tuya es mi vida.

69-Te daré

Golpea en mi pensamiento
que te deseo con el alma
ni la flor se salva
de este acontecimiento.

Y por este momento
yo te quiero desear,
te quiero abrazar
y darte lo deseado.

Por eso soy tu amado,
y tu mi princesa,
eres la primera,
y de todas, la más lista.

Eres mi flor divina
eres la primordial,
yo soy tu guardián
eres la chica que me da vida.

Por eso te quiero yo,
darte lo que mereces,
amor ardiente te doy,
porque tú te lo mereces.

70- 100%

Mi nombre, escrito en tu corazón,
escrito con tinta de zafiro
tú eres lo más divino
desde que tengo uso de razón.

Eres tú mi flor,
eres mi amor divino,
tú eres mi destino
tuyo es mi corazón.

No habrá nadie más
que te amé como yo
que da el todo por el todo,
ese soy yo.

La dulce fragancia de tu perfume
olor grato, que a mi alma llega
tu gran amor, que no presume
es mío y para siempre llega.

Mi amor no se borrará de tu corazón,
de tu alma, ni de tu mente
este amor que no se termina,
quedará sellado para siempre.

71- Te quiero

El sol se refleja en mi rostro,
pero tú eres mi amanecer
siempre te voy a querer
y tú me hace estremecer.

Yo te abrazo, te abrazo
no te quería soltar,
ternura apasionada
solo te quiero amar.

Amor te digo, te quiero
que eres mi único amor,
yo canto como tenor
este amor es puro y sincero.

Que eres mi dulce anhelo
más dulce que la azúcar
yo te voy a cuidar
y llenarte de mí dulzura.

Eres mi princesa
que quiero añoñar
estarás en mis recuerdos,
siempre te voy a soñar.

72- Mi existir

Dueña eres de mi corazón
y no puedo dejar de quererte,
porque eres diferente
para mí, eres especial.

La razón de mi existir,
la razón de mi vivir,
ya no vas a sufrir,
yo soy tu presente.

Yo soy tu pedacito de cielo,
tu pedacito de chocolate
soy yo el que te late
ese corazón a cada instante.

Aunque me duela la muela
te cantare a toda voz,
porque eres mi pedacito de arroz
mi pedacito de aguacate.

Tú eres mi doncella, mi gran amor,
eres mi estrella, eres mi calor
por eso te brindo todo mi amor
tú siempre serás mi doncella.

73- Tu destino

Ansias tengo de tu amor
para amarte toda la vida
me enciendes con calor
y eres parte de mi vida.

Tú eres mi existencia
así yo quiero vivir
enredado entre sabanas,
yo no me quiero ir.

En este lindo atardecer
quiero que me reclames,
quiero tu presencia
hazme estremecer en la cama.

Soy yo tu querer, tu amado fiel
tú eres mi gran enamorado, tu destino
Soy tu ángel en tu camino
soy el que te ama y es sincero.

Yo en tu vida, soy el primero
soy quien te amara siempre
tenlo en tu mente presente
yo te amare y es lo que quiero.

74- Mi destino

Cierta mente, te amo,
que te amo con locura
sin llamar al cura
tú eres mi tesoro.

Al son que resuena
así retumba mi corazón,
al escuchar tu voz,
yo soy el que te reclama.

Por eso, es que te amo
y quiero tenerte por siempre,
siempre estaré presente
eres mi destino, mi consuelo.

Tú eres mi caminar
eres la que me ayuda,
mujer impecable
eres muy cariñosa, mi diablura.

Eres mi ternura,
eres mi alimento,
tu amor no es secreto,
porque ya es mío.

75- Mi querida flor

Te daré alas para que llegues a mí
para que me beses y me abraces,
para que siempre estés conmigo
te lo pido, no es debate.

Cuando estés en soledad,
aquí estaré yo
siempre estaré para ti,
mi amada hermosura.

Debes de estar segura
de este perfecto amor
tú eres para mí,
siempre serás mi querida flor.

Eres olor perfumado
el más fino y del más caro
tu amor no es inigualado,
eres el pétalo más suave, de una flor.

De seguro, las más bella
la más hermosa flor
de mi corazón, tu jardín
que siembras amor.

76- Tuya es mi vida

Si, tú eres mi tesoro
eres mi gran placer
vales más que el oro
y te besare hasta el atardecer.

Son tus labios, sabor a canela,
sabor a mabí, sabor a uva,
mi vida es solo tuya
y me besaras como nunca.

Sabor a cereza y a mango
sabor a cheri, sabor a china
y por cada esquina,
tuya es mi vida.

Yo soy tu melocotón,
sabor suave, que delicia
me cuidan tus caricias
sabor a melón.

ya soy tu vida, solo tuyo
mi gran princesa, eres la duquesa,
que me da cerezas
tú eres mi néctar, mi riqueza
solo tuyo es mi corazón.

77- No tiene precio

Manantial de caricias
eres tú para mí
me llenas mis ansias
me lleno de ti.

Me llenas de tus besos,
me llena de tu amor,
me llenas de tus celos,
me llenas de sabor.

Eres mis caricias, mi anhelo,
eres mi luz, mi amor
corazón mío, es tuyo,
tuyo soy yo, mi primor.

Siempre serás mía
para mí, solo para mí,
porque tú me amas
y yo te amo, solo a ti.

No tiene precio este amor
fruto de una vida,
salió tu sonrisa
es fruto de este amor.

78- Tuyo y mío

De arcoíris son tus ojos
ferviente amor que sentí,
al besar tus labios
que sabían a mabí.

Aún no ha llegado el fin,
aún no ha llegado el agotamiento
este amor para siempre vive
no será un sufrimiento.

No sedera este amor
por nada en el mundo,
porque este amor es de locura,
este amor es mi mundo.

Si no seria, moribundo
naufrago perdido,
estaría en rumbo desconocido
no tendría este amor.

por lo tanto, te quiero decir
que eres fiel, amor mío
solo yo, soy tuyo
y lo tuyo es mío.

79- No se muere

Amor eterno para ti,
mi dulce princesa
eres mi respuesta
a la gran riqueza.

Este amor, no tiene precio,
ni se compara a la riqueza,
más valiosos que los diamantes
es de pura realeza.

Amor eterno, para siempre,
amor que no se muere,
amor eterno, amor infinito
es tu amor, que me conmueve.

Amor de eterna paz
disfrutando de la vida
que de Dios es un regalo
reorganizando la vida.

Llenándome de pleno gozo
de eterna lealtad
prospera, es la verdad
tu amor, verdadero gozo.

80- Llénate de mí

No me digas que no,
no digas que no me quieres,
porque eres mi gran amor
soy el más que te quiere.

Admítelo mi trigueña
que eres mi dulzura
eres mi preciosura
tú eres mi morena.

Sabes que soy tu pasión,
que soy tu alegría
en esta noche fría
refúgiate en mí.

Abrázame fuerte mente
dame de tu calor,
ya no tengo más dolor
has librado mi mente.

Llénate de mí, de mi calor
llénate de mí, de mi amor,
llénate de mi pasión
ámame eternamente.

81- Siempre en mi mente

Sin ti, no sé cómo vivir
no tiene sentido,
solo quiero estar contigo
para siempre vivir.

Para siempre sentir
este amor puro y grato
nos vemos a las cuatro
en aquel lugar que te vi.

Ese día fue para mí,
un día glorioso,
un día fabuloso,
un día muy especial.

Tú está en mi pedestal
estas siempre en mi mente
cuando te miro de repente
siento mi corazón palpitar.

Por eso te he de amar
hoy y para siempre
llenándome de tus caricias,
llénate de mí, siempre.

82- No me digas que no

No aceptare un no,
no declaro esa respuesta,
seré yo tu faro
guiándome a mi propuesta.

Te brindo, mi vida
mi amor y mi pasión,
te bajare la luna
las estrellas y el sol.

Te quiero con el alma,
te amare con locura,
te amare con ternura,
te amare como nunca.

Así será este amor
lleno de realidades,
no me digas que no
has tus sueños realidades.

Dime que sí, no seas mala
te cuidare y te amare,
te llenare de mi vida,
te llenare de mi placer.

83- No puede ser

Más que enamorado de ti,
esta mi corazón dispuesto
mi vida te la entrego a ti
pero no soy tu repuesto.

No te merezco, no seré yo
el que te amará a todas horas
no puedo darte lo que quieres
estoy muy lejos de ti.

Ya no puedo hablarte,
no te puedo decir que te quiero
porque te veo como una amiga
y de amor, de eso no puedo.

Siento lo sucedido,
siento en no corresponderte,
siento no quererte,
ni estar como quieres.

Siento no corresponderte
solo quiero ser tu amigo,
perdón, solo te pido
que no te enojes conmigo.

84- Sera para siempre

Leal será mi amor
fielmente estaré contigo
unidos hasta la muerte
ese será nuestro camino.

Un camino de amor y paz
de gozo y de armonía
caminar juntos día a día
y vivir de siempre en alegría.

De abrazarte y quererte
de estar enamorado de ti,
eres mí provenir,
nunca dejare de amarte.

Te amare, para siempre,
te amare grandemente,
estarás en mi mente
hoy y para siempre.

Te llenare de mí, plenamente
te abrazare fuerte mente,
hasta que llegue la muerte
allí contigo estaré.

85- Juntos para siempre

Soy tu conquistador
seré yo tu presente,
amarte de repente
estarás en mi corazón.

Lujosa tentación,
en abrazarte y amarte
estarás en mi mente
siempre conmigo presente.

Es un día comprometedor
que en el cual, te amare
te llenare de mi encanto,
solo amor te daré.

Y llenándote de mucha felicidad
de amor y compasión,
te amare hasta siempre
esta es mi decisión.

Soy tu conquistador, tu amor,
soy tu presente, en tu mente,
seré tu amante, tu dulzura,
seré yo tuyo y tú serás mía para siempre.

86- Eterno tesoro

Me entrego a ti, con desvelo
llenándome de tu amor
tú eres mi pasión
yo seré tu consuelo.

Narrando el día, en que te conocí
cuando estabas cerca de las peñas,
yo soy tu fuego, echando leña
en el monte que decidí.

Es dulce el romance,
es alegre este amor,
es elegante tu sonrisa
y te amo mucho mi amor.

Jugando de esconder
en el monte quebrada
allí saque mi espada
a la lucha de un león.

Que dulce relación
en tenerte siempre
el que tengo al frente
tú eres mi eterno amor.

Esa eres tú, mi princesa amada
siempre estaré junto a ti,
noche, día y de mañana
tú eres la rosa de mi jardín.

87- Se esfumo

Me siento triste, sin ti,
me siento fatigado y vacío
lléname de amor, mi princesa
que muero de agonía.

Que muero de tristeza,
que muero de amor,
me muero de agonía,
se muere este amor.

Se fatiga y se cansa,
se llena de frialdad,
se oscurece la verdad
cayendo en nuestra falsa.

Se desvanece, se muere,
se está llenando de sufrimiento,
se muere, se cae
es muy triste el lamento.

Que desdicha este amor
pero se acabó la pasión,
se esfumo el amor
todo se echó al fuego.

88- Llego al olvido

Dulce canción para mi alma
que entona dulces melodías
enfrentamos cada día
porque tú eres mi canción.

A la hora del son, del vacío
llegando al límite, del olvido
creando todo en el nido
fatigado, es este amor.

Llega el olvido, se esfumo
llego al límite, el olvido
porque este amor, era de esperar
y no había solución ni suspiro.

Se escapó, como el humo
Se echó el amor al fuego
se congelo la alegría
ya esto es un duelo.

No soporto más
se fue este amor, al caño
logro llegar, al pozo
de una larga agonía.

89- Amor seguro

Delicias eres para mí
amor de amores
yo te digo que si
esos son los rumores.

Este amor es verdadero,
es más fuerte mi querer
yo no te quiero perder
por largo que sea el sendero.

Y te tengo en mi corazón primero
siempre me acuerdo de ti
que eres mi primavera
no lo susurres, dime que sí.

Este amor para siempre primero
más puro que el aceite de oliva
mi amor por ti, no se olvida
eres mi primavera, mi desvelo.

Fuerte es este amor
fuerte y poderoso
más duro que el acero,
este amor es glorioso.

90- Solo mía

Siento emoción al verte,
al sentirte cada día
eres amor ardiente
eres para mí, solo mía.

Te quiero, como luna llena,
te amo, como el sol candente,
te deseo, más que mi vida,
te anhelo, tenlo presente.

Eres flor genuina
amor, puro amor,
amor deseable,
amor, ferviente amor.

Verte es mi adoración
sentirte mi armonía,
sentir tu corazón
llenándome de tu alegría.

Eres mi sinfonía, eres mi canción,
eres mi alegría, mi armonía
eres mi flor, mi capullo
eres mi hermosura, y yo soy tuyo.

91- Siempre te amare

Tenerte, es tener razón
tenerte es mi sabiduría
conmigo no te aburrirás
siempre tendrás acción cada día.

Profundo es tu corazón
es sano y sincero
me ayudas en concluir
que tu amor es el primero.

Eres perfume agradable
que llenas mi alma,
que llenas mi corazón,
tu amor me llena de calma.

Tenerte es sabiduría,
tenerte es, amorío,
tenerte, es bendición,
yo te amo, amor mío.

Amor digno y sincero
puro y honesto
amor que no se agota,
amor que tiene lo nuestro.

92- Mi locura

Besos gloriosos, encantadores
lleno de gloria y de juventud
disfrutando de la emoción
viviendo a plenitud.

Se fue la depresión,
llego ahora algo bueno
se fue el desespero
llego la conclusión.

Disfrutando de la belleza
disfrutando del amor
admiro la naturaleza
tú llenaste mi corazón.

Vivir con alegría,
vivir la vida, con armonía
tu vida es la mía
que emoción, que alegría.

Al saber que eres mía
y que eres mi bombón
chocolate con chicharon
eres tú, la locura mía.

93- Eres mi todo

Eres una de las mejores
la primera en mi corazón
que sanaste mis heridas
y me llenaste de pasiones.

Es por una decisión
la cual te amo, la cual te quiero,
eres mi dirección
y por siempre tener te quiero.

Eres mi fuente de atracción,
eres mi fuente de amores,
como viajar por los mares
eres mi distracción.

Navegando por tus curvas
tuve que ir al hospital,
porque he chocado
ahora me tienes que alimentar.

Eres una hermosa mujer,
eres pasión de mi amor,
contigo me siento mejor
yo soy tu amanecer.

94- Ya eres mía

La vida es un arcoíris
porque estas en mí,
ya soy parte de ti
eres tierna, mi amada siris.

Tus bellos cabellos, tus abrazos,
tu bella sonrisa, tu pelo lacio,
tus hermosos ojos, son diamantes
y tus labios apasionantes.

Cruzaste por mi camino
y te quedaste,
te acercarte a mi vida
y a mi corazón llegaste.

De mí no te alejaste
te quedaste conmigo,
conmigo te fugaste
te casaste conmigo.

Eres una dulzura, una bella dama
juntitos, tú y yo en la cama,
este amor, será para siempre
aquí te esperare, mi bella dama.

95- Eres mi pasión II

Suaves besos aluden mi paladar
para ti te voy a cantar
dulces versos y melodías
que pueda yo entonar.

Y darte amor infinito
amor hasta el final
tus deseos tienen sentido
abatido a tiro, por mí cantar.

Te llenare con besos y abrazos
con caricias como la seda
te amare todo el día,
te amare hasta donde pueda.

Yo soy el que te quiere,
yo soy el que te ama,
yo soy el que te desea,
soy yo el que te desarma.

Yo soy quien te ama,
con el alma y el corazón,
te amo con ternura
eres mi adoración.

96- Amor infinito

Eterna será nuestra unión
siempre y para siempre
unidos en este amor,
hoy y para siempre.

Se escucha el trillar de las aves
las hojas de par en par
como sopla el viento,
como ruge el mar.

Sentado en la caliente arena
mirando el cielo azul,
viendo las nubes pasando
y de lo hermosa que eres tú.

Eres mi flor escogida,
eres mi amada para siempre
y que Dios te bendiga
y que seas mi presente.

Junto tu y yo
amándonos suavemente
en la cama rápidamente
juntitos siempre tú y yo.

97- Profundo amor

Este misterio y glorioso encuentro
me ha llenado de felicidad
tus besos de encanto
este ha sido de verdad.

Puro y siempre santo
este amor que perdure
y yo quien te asegure
este amor por lo alto.

En las cascadas estuve allí
y vi la hermosura de ella
ni las diosas más hermosas
se comparan con ella.

Se deslumbra tu corazón,
llegando hasta mi lado
en este amor no hay traición
este amor late a tu lado.

Profundo en mi corazón
el amor del desvelo,
el amor que quiero
cuando tu estas a mi lado.

98- Te olvide

Sensuales eran tus besos,
dulce era tu amor
un encuentro, tan profundo
que nos llenaba de pasión.

Pero no pudo más con las mentiras,
no pudo más el quebranto,
las mentiras no llegan a nada
un vacío, un espanto.

Desee amarte mi querida
pero solo eres una perdida
no quiero más de tu amor
esto es una despedida.

Adiós mi querida leidi
te he dejado de seguir
he dejado de amarte,
para ti, he dejado de existir.

Ya no te amo, ya no te quiero,
ya no te deseo, no te sueño
quedaste en anonimato,
eres cosa del pasado,
lejos allá, en el desierto
perdida como un espanto.

99- Junto a ti II

Mis letras se convierten en poema
para mi hermosa, primor
se deleita este poeta
llenándose de amor.

Amarte con locura,
amarte con pasión
tu amor es mi cura,
de esta dulce relación.

Lléname de tu esencia,
llénate de mi amor
yo seré tu amado
tú serás mi primor.

Yo te amo, y te quiero
te llenare solo de mí,
para siempre te he de querer,
siempre estarás junto a mí.

En lo bueno y en lo malo
siempre estaré contigo
estaré hasta la muerte
yo quiero estar más contigo.

100- Te quiero II

Has iluminado mi mañana
al verte despertar,
desayuno te voy a dar
porque estoy feliz esta mañana.

Y no doy mi retirada
porque te amo tanto
en ti doy mi llanto
soy yo tu encanto.

Y por más que me ciega
al no ver la luz
tus ojos son brillantes
no hay nadie como tú.

Llenándome de tu vida,
de tu gran felicidad
y te digo la verdad
que te amo con locura.

Eres mi dulzura
eres la razón de mí ser
de tu amor quiero tener
tú eres mi sabrosura.

Desarrolla tu mente, que sea eficaz.

El destino es incierto,
la vida continua,
el viento sopla
y siempre está presente,
pero la muerte es segura.

elsuperescritor@gmail.com
elmagodelasletras@gmail.com

8/18/2021

Director y autor gráfico y productor de esta obra:

Antonio Guerra Colón= ZICAIKA SLOEEZ PABAI

Tony Colón=ZEJIT BOU

Desarrolla tu mente, que sea eficaz.

Desarrolla tu mente, que sea eficaz.

Printed by Books on Demand GmbH, Norderstedt / Germany